Sportfreunde im Winter

müssen immer einen kühlen Kopf bewahren, denn es gilt steile Hänge abzufahren. Schneeballverkäufer und Eisfischer zeigen, wie viel Spaß man mit Eis und Schnee haben kann.

Diese lustigen Fensterbilder, Tischbänder und anderen Dekorationen aus Fotokarton gefallen Groß und Klein von der ersten Schneeflocke bis zur letzten Schmelze. Schmunzeln Sie also mit Katze und Bär um die Wette!

Viele Spaß beim sportlichen Basteln!
Ihre

Tonja Jacobs

Die Motive lassen sich in folgende Schwierigkeitsgrade unterteilen:

● ○ ○ einfach ● ● ○ etwas schwieriger ● ● ● anspruchsvoll

GRUND-AUSSTATTUNG

Diese Werkzeuge und Materialien benötigen Sie für die meisten Objekte. Sie sind in den einzelnen Materiallisten nicht mehr aufgezählt.

- festes Transparentpapier für die Schablonen
- Bleistift
- weicher Radiergummi
- Filzstift in Schwarz
- große Schere für die grobe Form
- kleine, spitze Schere für die Silhouette
- Cutter und Scheideunterlage
- UHU Alleskleber
- Nähnadel
- Klebefilm

Hinweis: Papiere, die kleiner als A5 sind, werden als Rest bezeichnet.

So wird's gemacht

1 Alle Einzelteile mit einem Bleistift und ohne Überschneidungen von der Vorlage auf festes Transparentpapier übertragen und ausschneiden. Die gewonnene Schablone auf den Fotokarton legen, mit dem Bleistift umfahren und ausschneiden.

2 Einfache Formen lassen sich gut mit einer kleinen, spitzen Schere ausschneiden, für kompliziertere Formen eignet sich am besten ein Cutter mit passender Scheideunterlage.

Gemusterter Fotokarton lässt sich leicht selbst gestalten: Vor dem Ausschneiden mit dem Buntstift frei Hand senkrechte und waagrechte Linien ziehen – schon ist das Karomuster fertig. Wahlweise eine oder mehrere Farben verwenden.

3 Mit Hilfe der Abbildung und des Vorlagenbogens die Einzelteile positionieren und zusammenkleben. Augen, Mund, Nasenlöcher o. Ä. mit Filz- bzw. Buntstiften aufmalen.

Tipps & Tricks

- Fensterbilder können mit etwas Klebefilm oder Nähgarn aufgehängt werden.
- Damit das Motiv nicht kippt, das Bild zwischen Daumen und Zeigefinger ausbalancieren. Mit einer Nadel einige Millimeter vom Rand entfernt (nicht zu dicht) ein Loch einstechen und den Faden durchziehen.
- Sehr plastisch wirken die Fensterbilder, wenn einzelne Teile mit Klebepads oder Abstandklebeband unterlegt werden.
- Um Draht in eine runde Form zu bringen, einfach um den Finger oder einen Stift wickeln.

Schneechaos

→ **Wo ist meine Mütze?**

MOTIVHÖHE
ca. 25 cm

MATERIAL
- Fotokarton in Weiß, A3
- Fotokartonreste in Orange, Gelb, Türkis, Hellblau, Hellgrau, Grau, Hellbraun, Braun, Hellgrün und Grün
- Abstandsklebeband, 1 cm breit, 10 cm lang
- Filzstift in Rot

VORLAGEN-BOGEN 2A

1 Der Bär: Krempe und Bommel auf die Mütze kleben. Die Mütze auf das Gesicht aufkleben. Die Nase im Gesicht positionieren und den Mund mit Filzstift aufmalen. Kopf und Ski auf dem Körper befestigen.

2 Die Katze: Ohrinnenteile und Nase positionieren, Mund und Augen mit Filzstift aufmalen. Das kürzere Schalende von hinten gegen das längere kleben. Schal, Skier und Handschuhe auf dem Körper fixieren, den Kopf auf den Schal kleben.

3 Die Maus: Schal aufkleben. Stiefel mit einem roten Filzstift anmalen. Auge und Nase mit einem schwarzen Filzstift aufmalen.

4 Das Schneechaos: Nach Vorlage zuerst alle feingestrichelten Formen zusammenkleben. Den Bären positionieren. Nun die grobgestrichelten Formen aufkleben. Katze und Maus mit Abstandsklebeband fixieren. Zuletzt die Formen mit komplett schwarzer Umrisslinie aufkleben.

Schalziehen

→ Hau ruck!

MOTIVHÖHE
ca. 19 cm

MATERIAL

- Fotokarton in Weiß, A3
- Fotokartonreste in Hellgrau, Grau, Orange, Hellblau, Mittelblau, Rot und Schwarz
- Buntstift in Orange

VORLAGENBOGEN
4 B

1 Das Ohrinnenteil auf das Ohr, Ohr und Nase auf den Kopf kleben. Mit dem Filzstift Auge und Mund aufmalen. Jeweils einen Fuß von hinten gegen ein Bein kleben. Das eine Bein von vorn, das andere Bein seitlich etwas versetzt von hinten gegen den Körper kleben. Den Kopf von vorn, den Schwanz von hinten am Körper befestigen.

2 Die beiden anderen Mäuse ebenso aufbauen. Bei der kleinen Maus die Beine vom Körper abgespreizt befestigen und den Arm samt Hand auf den Körper kleben.

3 Auf den Schal mit Buntstift die orangefarbenen Streifen aufmalen. Alle Mäuse mit dem Schal verbinden. Die Hände von hinten an die Arme und die Arme auf Körper und Schal kleben.

4 Mit dem Cutter Schlitze in den Schnee schneiden. Die Füße der beiden großen Mäuse durch die Schlitze stecken und von hinten fixieren. Die kleine Maus und die Fußspuren auf den Schnee kleben.

Schaf im Glück

→ mit Kleeblatt

MOTIVHÖHE
ca. 35 cm

MATERIAL

- Prägekartonrest mit Spiralen in Cremeweiß
- Fotokartonreste in Cremeweiß, Hellbraun, Hellgrün, Grün und Orange
- Stickgarn in Cremeweiß, 4 x 25 cm lang
- Buntstift in Rot

VORLAGENBOGEN 3 B

1 Auf den Kopf Nase und Haarteil kleben. Auf dem Haar das Ohr befestigen. Mit schwarzem Filzstift Mund und Auge, mit dem Buntstift Streifen auf die Socken malen. Socken und Kopf am Körper befestigen.

2 Die Sitzbank von hinten gegen die Kufe kleben. Das Schaf von hinten an der Bank befestigen. Die vier Blätter des Kleeblatts am Stiel befestigen, in die Mitte den Kreis kleben und den Stiel an der Bank fixieren. Den Rest des Stiels ebenfalls an der Bank befestigen.

3 Vier Fäden weißes Stickgarn von hinten auf die Borte kleben (die Borte hierbei mit etwas Klebefilm auf dem Tisch fixieren, damit man die Fäden glatt ziehen kann). Die Fadenenden auf die gleiche Weise am Schaf befestigen. Die Schneeflocken von vorn auf das Stickgarn kleben.

Tipp: Falls Ihnen ein Schaf am Fenster zu einsam ist, können Sie auch ein zweites zur Gesellschaft fertigen.

Schlittenfahrt

→ mit Vitaminsnack

MOTIVHÖHE
ca. 21 cm

MATERIAL
- Fotokarton in Weiß, A3
- Fotokartonreste in Hellblau, Mittelblau, Hellbraun, Braun, Grün, Hellgelb, Orange, Rot, Grau und Schwarz
- Buntstifte in Grün, Hellblau und Orange
- Nylonfaden in Schwarz, 4 x 6 cm lang
- Stickgarn in Braun, 18 cm lang

VORLAGENBOGEN 4A

1 Großer Hase: Krempe, Schal und Stiefelaufschlag mit grünem Karomuster versehen. Die Krempe auf Mütze und Kopf kleben. Das linke Ohr von vorn, das rechte von hinten an der Mütze fixieren. Den Bommel auf die Mützenspitze aufkleben. Augen und Nase im Gesicht positionieren und mit dem Filzstift den Mund aufmalen. Für die Barthaare mit einer Nadel Löcher vorbohren, die Nylonfäden hindurchfädeln und hinten festkleben.

2 Den Handschuh an den Ärmel, die Stiefel auf die Beine kleben. Das linke Bein von hinten am Körper fixieren. Zuerst den Schal und darauf den Arm auf den Körper kleben. Das Grün von hinten gegen die Karotten, die Karotten von hinten gegen den Korb kleben. Die Streifen auf den Korb kleben und ihn an den Hasen kleben.

3 Kleiner Hase: Die Socken mit orangefarbenen, Schal und Handschuhe mit hellblauen Streifen bemalen. Wie den großen Hasen fertigen.

4 Die Kufen von hinten gegen die Sitzbank kleben und mit der Querstrebe verbinden. Den Hasen auf den Schlitten kleben. Beide Hasen auf dem Schnee befestigen, das braune Stickgarn von der Querstrebe des Schlittens zur Hand des großen Hasen spannen und von hinten festkleben.

Schäfchen an Borte

→ winterlicher Tischschmuck

MOTIVHÖHE
ca. 16 cm

MATERIAL
- Prägekartonrest mit Spiralen in Cremeweiß
- Fotokartonreste in Cremeweiß, Hellblau und Hellbraun
- Glöckchen in Silber, ø 1 cm
- Borte in Weiß, ca. 8 cm breit, Länge variiert je nach Tisch
- Buntstift in Blau
- Nähgarn in Weiß
- ggf. Bügeleisen und Bügelbrett

VORLAGENBOGEN 4B

1 Schäfchen in doppelter Ausführung für beide Enden der Borte anfertigen. Mit dem Buntstift Streifen auf Mütze und Socken malen. Nase und Locke auf den Kopf kleben, die Augen mit schwarzem Filzstift aufmalen. Arme, Muff und Füße auf dem Körper befestigen.

2 Die Mütze zusammensetzen und auf den Kopf kleben. Am Mützenende mit Nähnadel und Nähgarn das Glöckchen befestigen.

3 Die Borte an beiden Enden zu einer Spitze zusammenfalten und mit Nadel und Faden fixieren. Eventuell kurz glatt bügeln. Das Schäfchen mit Nadel und Nähgarn an der Spitze der Borte positionieren.

Tipp: Das Schäfchen sieht auch als Fensterschmuck sehr niedlich aus. Oder es erinnert Sie an der Wohnungstür an warme Kleidung!

Fliegender Hund

→ mit gefiedertem Freund

MOTIVHÖHE
ca. 30 cm

MATERIAL
- Fotokarton in Gelb, A4
- Fotokartonreste in Orange, Cremeweiß, Weiß, Hellbraun, Braun, Hellblau und Blau
- Nähgarn in Weiß, 20 cm lang

VORLAGENBOGEN 2 B

1 Beim Hund die Ohren nach Abbildung aufkleben. Die Nase positionieren und mit dem Filzstift die Augen und den Mund aufmalen.

2 Schwanz und linken Handschuh von hinten gegen den Körper kleben. Den Arm sowie den rechten Handschuh von vorn auf dem Körper fixieren. Darauf achten, dass nur der Arm, nicht aber der Handschuh auf dem Körper klebt. Den Kopf auf den Körper kleben.

3 Die Schnallen auf die Schuhe kleben. Ski und Bein von hinten am Schuh befestigen. Das rechte Bein von vorn, das linke Bein von hinten am Körper fixieren.

4 Die Streifen auf den Gleitschirm kleben. Die Seile am Hund und am Schirm befestigen, hierbei den Schirm von vorn auf die Seilenden kleben.

5 Den Kopf des Vogels auf die Mütze aufkleben. Den Schnabel positionieren und die Augen mit dem Filzstift aufmalen. Kopf, Flügel und Schwanz am Körper fixieren. Den Vogel mit Nähgarn am linken Schirmrand befestigen.

MOTIVHÖHE
ca. 19 cm

MATERIAL
- Fotokarton in Weiß, A3
- Fotokartonreste in Grün, Orange, Gelb, Beige, Braun und Schwarz
- Buntstift in Rot
- Nähgarn in Braun, 10 cm lang
- Abstandsklebeband, 1 cm breit, 10 cm lang

VORLAGEN-BOGEN 3A

Liebe auf Eis

→ zärtliche Pinguine

1 Die Schnäbel auf die Köpfe kleben. Mund, Augen und Nasenlöcher mit schwarzem Filzstift aufmalen. Die Rübennase mit roten Streifen versehen. Den linken Flügel des Pinguins und den rechten Flügel des Schneepinguins auf den Körpern befestigen. Den Schal zusammensetzen und fixieren. Den linken Flügel des Schneepinguins auf den Körper kleben. Zuerst den rechten, dann den linken Kopf auf den Körpern befestigen. Die Füße mit roten Linien versehen und von hinten an den Körper kleben.

2 Den Fischkörper zweimal ausschneiden. Kopf, Flossen und Schwanz dazwischen kleben. Mit dem Filzstift auf beide Seiten ein Auge malen. Den Schatten von hinten an den Ast, den Ast samt Schatten auf den Körper kleben. Den Fisch mit Nähgarn am Ast befestigen.

3 Die Eisschollenkante von hinten mit Abstandsklebeband an die Scholle kleben. Die Pinguine mit Abstandsklebeband aufkleben.

Eistanzbär

→ Tänzchen gefällig?

MOTIVHÖHE
ca. 26 cm

MATERIAL
- Fotokarton in Orange, A4
- Fotokartonreste in Hellbraun, Hellgrau, Hellblau, Braun und Türkis
- Buntstift in Orange

VORLAGENBOGEN 1A

1 Nase und Ohrinnenteile auf dem Kopf fixieren. Augen und Mund mit Filzstift aufmalen.

2 Die Einzelteile des Mantels zusammenfügen. Für Schal und Hosen den Fotokarton mit Karomuster versehen. Die Teile ausschneiden. Den Schal mit Ausnahme des Knotens zusammenkleben. Den rechten Handschuh am kurzen Schalende befestigen. Das Ganze auf dem Mantel positionieren. Den linken Daumen auf den Handschuh kleben und beide Teile am Mantel befestigen. Den Kopf auf den Schal kleben und zuletzt den Schalknoten positionieren.

3 Die Schuhe von hinten an die Hosenbeine, die Kufen von hinten gegen die Schuhe kleben. Ösen auf die Schuhe malen und die Beine von hinten am Mantel fixieren.

MOTIVHÖHE
ca. 30 cm (je nach Höhe der Vase oder Schale)

MATERIAL

- Fotokarton in Weiß, A3
- Fotokartonreste in Türkis, Hellblau, Hellgrün, Grün, Gelb, Hellbraun, Braun, Schwarz und Orange
- Buntstifte in Hellblau und Gelb
- Draht, ø 0,5 mm, 5 cm lang
- Spitze in Weiß, ca. 2 cm breit, Länge abhängig vom Umfang des Gefäßes
- Glasschale oder Vase, ca. ø 25 cm, ca. 15 cm hoch
- Vogelsand
- Lineal
- Falzbein
- doppelseitiges Klebeband, 5 mm breit
- Stickgarn in Braun, ca. 10 cm lang

VORLAGENBOGEN 4A

Eisfischer

→ Petri Heil!

1 Das Gefäß kopfüber auf den Fotokarton stellen und mit einem Bleistift umfahren und ausschneiden. Das Loch in der Mitte mit einem Cutter ausschneiden.

2 Der Pinguin: Bommel und Krempe auf die Mütze, den Schnabel ins Gesicht kleben. Augen und Nasenlöcher aufmalen. Zuerst den rechten, dann den linken Flügel auf den Körper kleben. Mit Lineal und Falzbein den Knick für die Klebelasche falzen und nach hinten umknicken.

3 Der Bär: Die Krempe mit Karomuster versehen und aufkleben. Ohrinnenteile und Nase positionieren. Augen und Mund mit schwarzem Filzstift aufmalen. Den Ast hinter den Handschuh, den Handschuh auf den Arm und das Ganze auf den Körper kleben. Die Stiefel nach Abbildung anbringen. Die Klebelasche ebenfalls mit Lineal und Falzbein falzen, nach hinten knicken und von hinten an den Stiefeln anbringen. Aus Draht einen Haken mit Öse formen. Den Wurm zweimal ausschneiden und auf den Draht kleben. Durch die Öse Stickgarn fädeln und dieses von hinten am Ast befestigen. Dem Wurm mit Filzstift ein Auge aufmalen.

4 Die Fische zusammenkleben und auf die Pflanzen kleben.

5 Die Spitzenborte etwas enger als den Gefäßumfang zusammennähen. Die Borte mit doppelseitigem Klebeband am oberen Rand fixieren. Vogelsand einfüllen und die Pflanzen samt Fischen hineinstecken. Pinguin und Bär auf der Eisplatte fixieren. Die Platte mit etwas Klebstoff an der Schüssel befestigen.

Lochfraß

→ da ist der Wurm drin!

MOTIVHÖHE
ca. 11 cm

MATERIAL
- Fotokarton in Rot, A4
- Fotokartonreste in Weiß, Beige, Hellbraun, Braun, Hellblau und Türkis
- gezackte Spitzenborte, ca. 4 cm breit, Länge variiert je nach Fensterbreite
- Buntstifte in Rot und Orange
- Nähgarn in Weiß

VORLAGENBOGEN 2A

1 Die Enden der Borte ggf. umschlagen und fixieren. Die Anzahl der Äpfel ist abhängig von der Länge der Borte – die Äpfel sollten aber immer im gleichen Abstand zueinander hängen.

2 Apfel und Wurm zusammenkleben. Stiel, Blütenrest und „Biss“ auf den Apfel kleben. Oben den Schnee fixieren. Krempe und Bommel auf die Mütze kleben, den Kopf von hinten ankleben. Mit dem schwarzen Filzstift und dem roten Buntstift das Gesicht aufmalen. Mit dem orangefarbenen Buntstift Streifen auf den Strumpf malen und den Strumpf auf das kurze Stück des Körpers kleben. Den Körper von hinten am Apfel befestigen. Am langen Stück des Körpers den Kragen und am Kragen den Kopf fixieren. Den nun kompletten vorderen Teil des Wurms auf den Apfel kleben.

3 Weitere Äpfel fertigen. Einen Apfel ganz lassen, in alle weiteren mit dem Cutter das vorgesehene Loch schneiden. Von hinten das ebenfalls mit einem Loch versehene Apfelinnere gegen den Apfel kleben. Die Äpfel mit weißem Nähgarn an der Borte befestigen.

Käsebrettchen

→ mit Boardermaus

1 Alle Teile ausschneiden. Für das Snowboard einmal den Umriss in Gelb, einmal den Umriss mit Löchern mithilfe eines Cutters aus hellgelbem Karton ausschneiden.

2 Das Gesicht gestalten. Für die Barthaare mit einer Nadel Löcher durch den Karton stechen, den Nylonfaden hindurchfädeln und von hinten fixieren. Das Gesicht auf der Mütze platzieren. Die Ohren zusammenkleben und gegen die Mütze kleben. Den Schal zusammensetzen und von hinten am Kopf befestigen. Die Handschuhe auf die Arme kleben, Schal und Kopf am Körper befestigen. Von hinten die Hose gegen den Körper, und von vorn die Schuhe auf die Hose kleben.

3 Beide Teile des Snowboards exakt übereinander kleben und die Maus darauf positionieren. Mit Buntstift eine Linie für die Brettkante einzeichnen. Die Fußlaschen auf Schuhen und Brett befestigen und die komplette Maus mit Abstandsklebeband in die Schneeböe kleben.

MOTIVHÖHE
ca. 24 cm

MATERIAL

- Fotokarton in Weiß, A3
- Fotokartonreste in Hellgrau, Grau, Rot, Orange, Hellgelb und Gelb
- Nylonfaden in Schwarz, 4 x 5 cm lang
- Abstandsklebeband, 1 cm breit, 12 cm lang
- Buntstift in Orange

VORLAGENBOGEN 1B

Schneeballverkäufer

→ für Angriffslustige

MOTIVHÖHE
ca. 18 cm

MATERIAL
- Fotokartonreste in Hellblau, Mittelblau, Hellbraun, Braun, Orange, Gelb und Weiß
- Nylonfaden in Schwarz, 4 x 5 cm lang
- 2 Schaschlikstäbchen, ø 3 mm, ca. 10 cm lang
- Buntstift in Orange

VORLAGENBOGEN 1A

1 Die Mützenkrempe auf Mütze und Kopf kleben. Bommel und Ohren aufkleben. Die Nase positionieren und Mund und Augen mit schwarzem Filzstift aufmalen. Für den Bart mit der Nadel Löcher vorbohren und die Nylonschnüre hindurchfädeln. Von hinten fixieren.

2 Die Schalteile mit Karomuster versehen und zusammenkleben. Den Körper von hinten am Schal befestigen.

3 Die Tischplatte auf dem Unterbau fixieren. Das Schild aufkleben. Mit Filzstift den Schriftzug schreiben.

4 Die Schneebälle zu einem Häuflein zusammenkleben. Dazu ein Stück weißen Fotokarton etwas kleiner als das Häuflein ausschneiden und die Schneebälle darauf kleben. Hase und Häuflein auf der Tischplatte fixieren. Die Handschuhe auf den Körper und den einzelnen Schneeball vor dem Hasen auf die Tischplatte kleben. Rechts und links die Schaschlikstäbchen befestigen. In einem begrünten Blumentopf oder -kasten platzieren.

chneebälle

Katz' und Maus

→ auf Skiern vereint

MOTIVHÖHE
ca. 21 cm

MATERIAL
- Fotokarton in Gelb, A4
- Fotokartonreste in Hellgrau, Grau, Braun, Schwarz, Türkis und Orange
- Schnipselkartonrest in Rosa
- Papierdraht in Beige, 12 cm und 7 cm lang
- Nylonfaden in Schwarz, 4 x 7 cm lang

VORLAGENBOGEN 3B

1 Das Katzengesicht zusammenkleben und mit dem Filzstift den Mund aufmalen. Für die Schnurrhaare mit einer Nadel Löcher einstechen, durch diese die Nylonschnüre fädeln und von hinten fixieren.

2 Den Schal zusammenfügen und am Körper befestigen. Ebenso mit Arm und Handschuh verfahren. Den zweiten Fuß von hinten gegen den Körper, den Kopf von vorne auf den Schal kleben. Die Katze auf den Skiern positionieren.

3 Papierdraht zuschneiden und durch die vorgebohrten Löcher der Teller stecken. Von hinten fixieren. Einen Draht am Körper, den anderen am Handschuh befestigen. Den Griff auf den Handschuh kleben.

4 Die Maus samt Kiste zusammensetzen, mit Filzstift das Auge aufmalen. Das Ganze auf den hinteren Ski kleben.

Die sausende Maus

→ mit Fliegenpilz

1 Den Helm auf den Kopf der Maus kleben. Rallyestreifen auf dem Helm, Brille und Nase auf dem Kopf positionieren. Die Brillengläser auf die Brille kleben und die Augen mit Filzstift aufmalen. Das linke Ohr von vorn, das rechte Ohr von hinten am Helm fixieren.

2 Den Handschuh am Arm, den Schuh am Bein befestigen. Kopf und Arm von vorn, Bein und Schwanz von hinten am Körper fixieren.

3 Den Hut des Pilzes mit den Punkten versehen. Den Stiel von hinten dagegen kleben. Die Maus auf dem Pilz befestigen.

4 Mit Abstandsklebeband den aufspritzenden Schnee und den Pilz samt Maus auf die weiße Piste kleben.

MOTIVHÖHE
ca. 23 cm

MATERIAL
- Fotokarton in Weiß, A3
- Fotokartonreste in Hellgrau, Hellbraun, Hellblau, Blau, Orange, Schwarz und Rot
- Abstandsklebeband, 1 cm breit, 15 cm lang

VORLAGENBOGEN 3A

Après-Skihasen

→ beim Jagertee

MOTIVHÖHE
ca. 16 cm

MATERIAL
- Fotokarton in Weiß, A4
- Fotokartonreste in Hellbraun, Braun, Orange, Blau und Gelb
- Schnipselkartonreste in Hellblau und Rosa
- Papierdraht in Beige, 2 x 12 cm lang
- Nylonfaden in Schwarz, 8 x 5 cm lang
- 2 Plüschpompons in Weiß, ø 1 cm
- Nähgarn in Weiß, 2 x 4 cm lang

VORLAGENBOGEN 1B

WEITERFÜHRUNG

Après-Skihasen

1 Kopf, Nase, Mütze und Ohren des Hasenmännchens positionieren. Die Mützenkrempe von vorn auf das Gesicht kleben, den Rest der Mütze von hinten an der Krempe fixieren. Das eine Ohr von vorn, das andere von hinten an der Mütze befestigen. Augen und Mund mit schwarzem Filzstift aufmalen. Für die Barthaare mit einer Nadel rechts und links der Nase je zwei Löcher vorbohren und die Nylonfäden hindurchfädeln und fixieren.

2 Arm, Handschuh und Tasse zusammenkleben. Den Dampf von hinten an der Tasse befestigen. Den kompletten Arm sowie den Kopf auf dem Körper positionieren.

3 Den Schneehaufen ausschneiden und an den markierten Stellen mit dem Cutter einschneiden. Die Ski positionieren: Den linken Ski durch den Schlitz schieben und von hinten fixieren, den rechten Ski von hinten ankleben. Papierdraht zuschneiden und durch die vorgebohrten Löcher der Teller stecken. Von hinten fixieren. An das jeweils andere Ende von vorne die Griffe ankleben. Die fertigen Stöcke über Kreuz an den Skiern befestigen. Den Hasen auf die Stöcke kleben. Mit einem Klebepad das rechte Ohr am Ski fixieren.

4 Gesicht, Nase, Mütze und Ohren des Hasenweibchens zusammenfügen. Das Gesicht auf die Mütze kleben. Augen und Mund aufmalen. Die Barthaare wie beim Hasenmännchen anbringen. Je ein Plüschpompon mit weißem Nähgarn verbinden. Hierfür den Faden am Ende mit einem dicken Knoten versehen. Mit Hilfe einer Nadel den Faden vorsichtig durch die Mitte des Pompons ziehen bis der Knoten stoppt. Die beiden Fäden rechts und links des Gesichts von hinten gegen die Mütze kleben.

5 Mit Arm, Handschuh und Tasse wie beim Hasenmännchen verfahren. Den Schal zusammenkleben. Alles auf dem Kleidchen positionieren. Den Kopf von vorn auf den Schal, die Schuhe von hinten gegen das Kleidchen kleben. Die Füße durch den vorbereiteten Schlitz schieben und von hinten fixieren.

DIESES BUCH ENTHÄLT 4 VORLAGENBOGEN

IMPRESSUM

FOTOS: frechverlag GmbH, 70499 Stuttgart; Fotostudio Ullrich & Co., Renningen
DRUCK: frechdruck GmbH, 70499 Stuttgart

Vielen Dank an die Firma Butterer-Fischer, Bruchsal, für Ihre Unterstützung.

Auflage:	5.	4.	3.	2.	1.	
Jahr:	2009	2008	2007	2006	2005	[Letzte Zahlen maßgebend]

ISBN 3-7724-3409-6
Best.-Nr. 3409